Dieses Heft dient der Wiederholung, Vertiefung, aber auch selbstständigen Erschließung wichtiger Themenfelder aus dem Bereich der antiken Kultur. Es versucht einen Querschnitt der in den gängigen Lehrwerken in den ersten zwei Lernjahren behandelten Themenfelder zu bieten. Die Aufgaben sind in eine in der Kaiserzeit spielende Rahmenhandlung eingebettet, sie lassen sich aber natürlich auch von der Reihenfolge abweichend lösen. Etliche Aufgaben lassen sich auch ohne Vorkenntnisse allein mit gesundem Menschenverstand lösen. Für einige Aufgaben empfiehlt es sich aber, sich vor der Bearbeitung nochmals mit den in den verschiedenen Lehrwerken gebotenen Sachinformationen, Grafiken und Karten zur Thematik vertraut zu machen bzw. bei den Übungen, wo darauf verwiesen wird, einen kurzen Blick auf Seite 32 zu werfen.

Und so wird es gemacht:

Öffne das LÜK® - Kontrollgerät und lege die Plättchen in den unbedruckten Deckel. Jetzt kannst du auf den Plättchen und auf dem Geräteboden die Zahlen 1 bis 24 sehen.

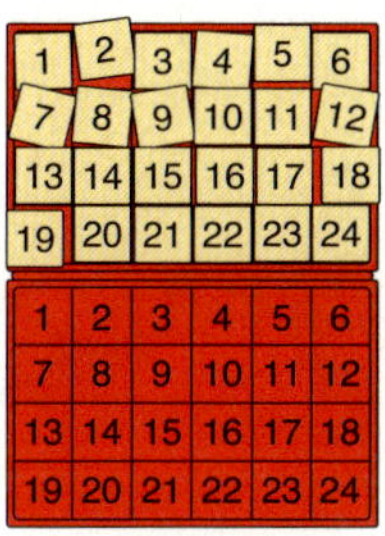

Beispiel: Seite 2
Stadtplan des antiken Rom
Sieh dir das bei Nummer 1 abgebildete Gebäude an und nimm das Plättchen 1. Überlege dir, wie die lateinische Bezeichnung dieses Gebäudes lautet. Suche darauf diese Bezeichnung in der Lösungstabelle. Lege dann das Plättchen 1 auf die Feldzahl im Kontrollgerät, die hinter der von dir gefundenen Lösung abgedruckt ist. Lege also das Plättchen 1 auf das Feld 12 im Geräteboden. Die Zahl 1 muss nach oben zeigen.

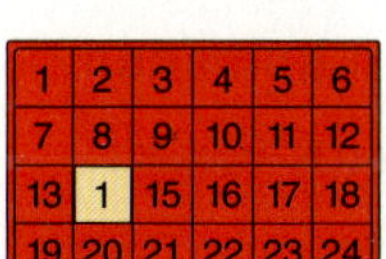

So musst du weiterarbeiten, bis alle Plättchen im Geräteboden liegen. Schließe dann das Gerät und drehe es um. Öffne es von der Rückseite. Wenn du das bei der Übungsreihe abgebildete Kontrollmuster siehst, hast du alle Aufgaben richtig gelöst.

Passen einige Plättchen nicht in das Muster, dann hast du dort Fehler gemacht. Drehe diese Plättchen da, wo sie liegen, um, schließe das Gerät, drehe es um und öffne es wieder. Jetzt kannst du sehen, welche Aufgaben du falsch gelöst hast.

Nimm diese Plättchen heraus und suche die richtigen Ergebnisse. Kontrolliere dann noch einmal. Stimmt jetzt das Muster?

Das System ist für alle Übungen dasselbe: Die gelben Plättchen im Heft entsprechen immer den LÜK-Plättchen aus dem Kontrollgerät. Die roten Lösungsfelder sagen dir, auf welche Felder des Kontrollgerätes du die gelben Plättchen legen musst.

Und nun viel Spaß!

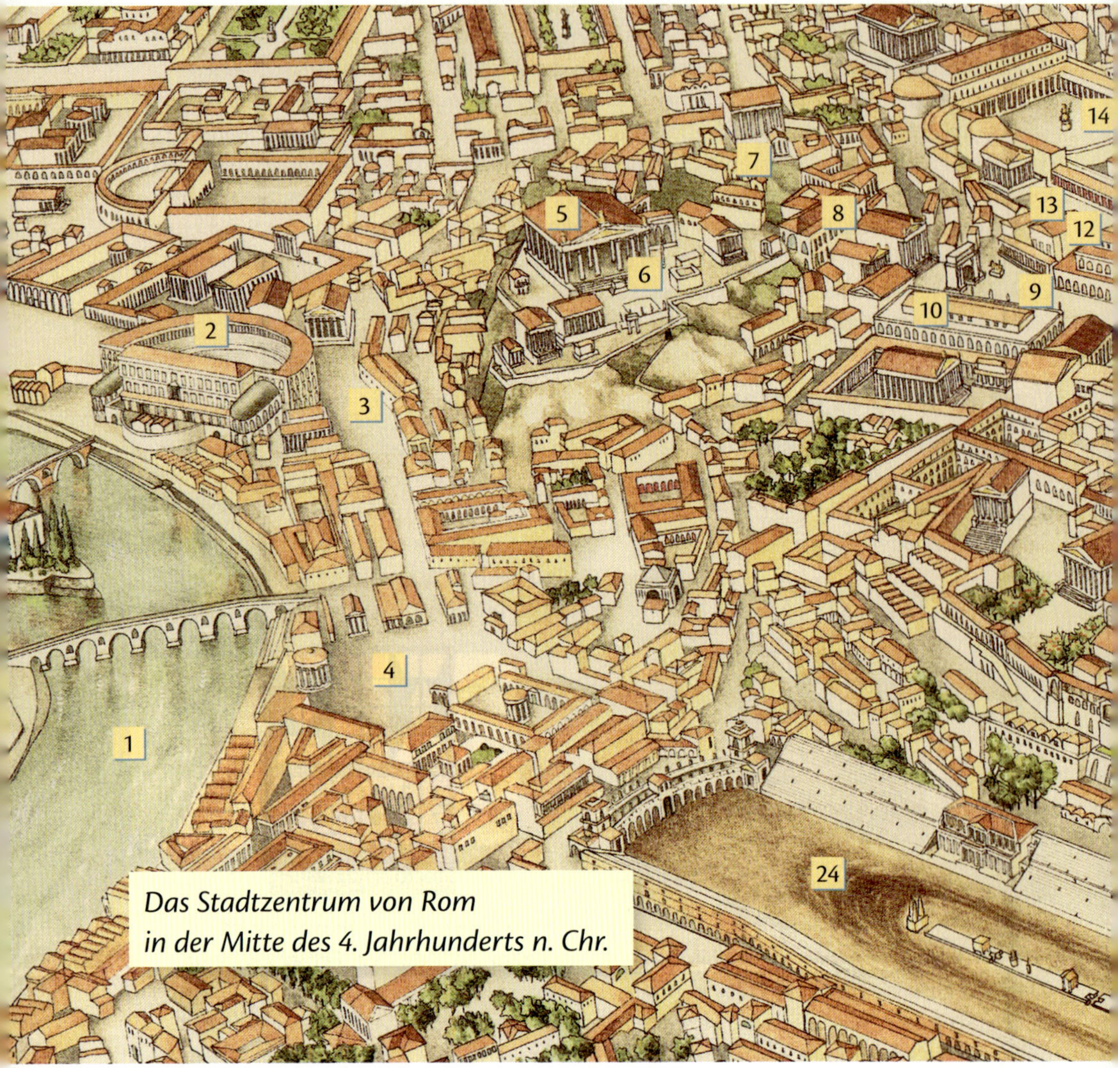

Das Stadtzentrum von Rom in der Mitte des 4. Jahrhunderts n. Chr.

Lösung

Kaiserpaläste	17	Kolosseum	13
Basilica Iulia	4	Tiber	12
Arx	1	Capitolium	7
Forum Boarium	11	Forum Romanum	9
Cäsar-Forum	23	Augustus-Forum	21
Maxentius-Basilika	14	Palatin	20

Bevor du deine Reise in das antike Rom antrittst, solltest du dir kurz einen Überblick über die örtlichen Gegebenheiten verschaffen, damit du dich nicht verläufst.

Cityguide

Ordne den Nummern auf dem Stadtplan die passenden Bezeichnungen zu.

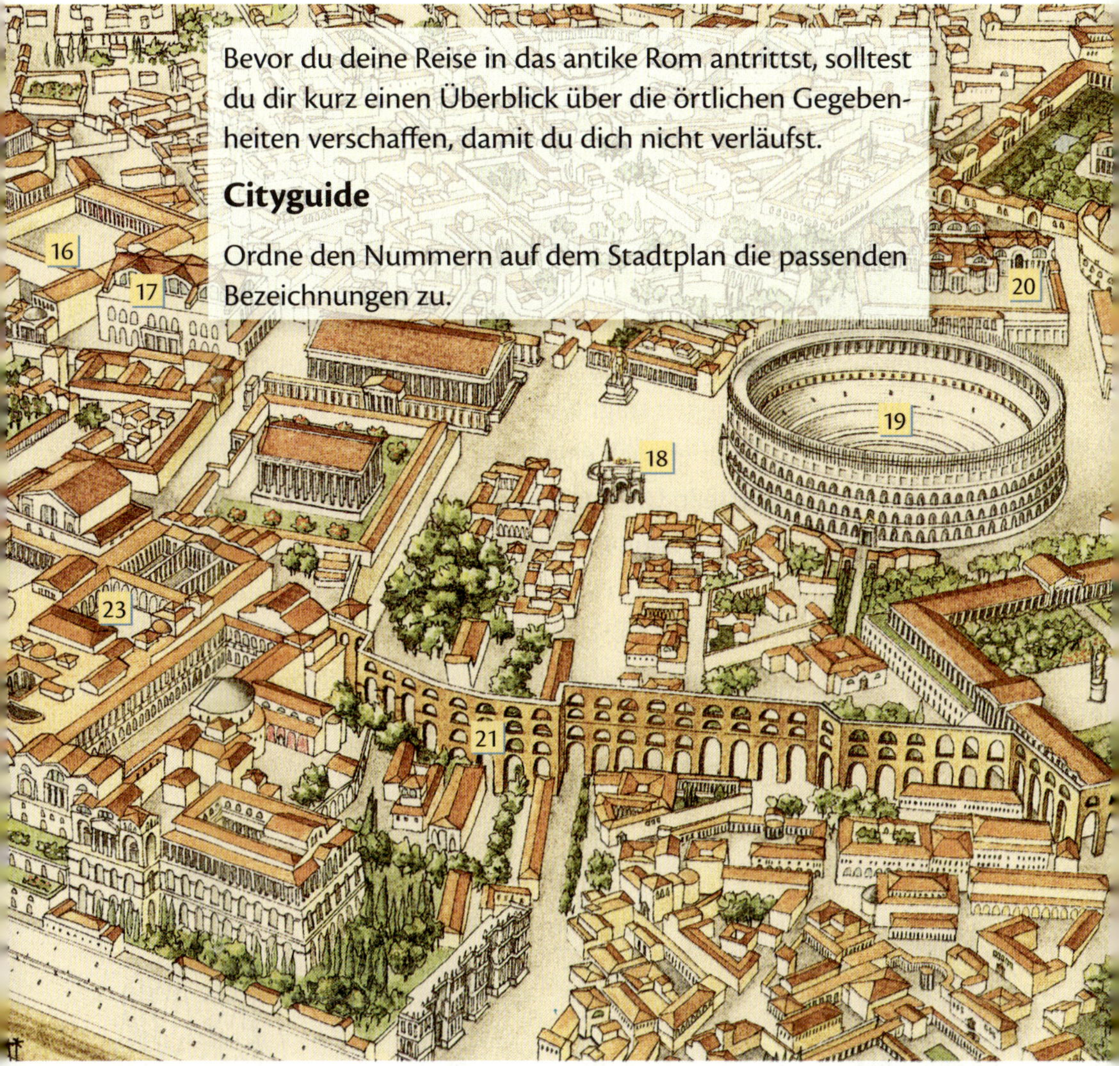

Forum Vespasiani	24
Basilica Aemilia	6
Forum Holitorium	10
Titus-Thermen	18
Staatsarchiv (Tabularium)	5
Circus Maximus	16

Marcellus-Theater	8
Aquädukt (Aqua Claudia)	15
Tempel des Iuppiter Optimus Maximus	3
Curia	2
Forum Traiani	19
Konstantinsbogen	22

Nachdem du dir einen ersten Überblick über die Örtlichkeiten verschafft hast, kannst du dich ins Getümmel der Metropole stürzen.
Aber Achtung: Kleide dich korrekt! Oder willst du als Barbar erscheinen? Du weißt nicht, wie? Der folgende Text wird dir helfen.

Wer bei den Römern die Hosen anhat

Ergänze die Lücken sinnvoll.

Die alten Römer tragen keine __ 1. Mit solchen kleiden sich nämlich nur __ 2. Ein Römer hingegen trägt eine __ 3. Eine Römerin trägt eine __ 4 als Obergewand oder aber auch eine lange __ 5. All diese Kleidungsstücke sind aus __ 6 hergestellt. Unter dem Obergewand tragen Männer und Frauen eine __ 7. Diese kann im Gegensatz zur stets __ 8-farbigen toga auch __ 9 gefärbt sein. Jedoch ist toga nicht gleich toga, denn die toga eines Senators hat einen __ 10, __ 11-farbenen Randstreifen, wohingegen die toga eines römischen Ritters nur einen __ 12 Randstreifen, die eines normalen Römers gar keinen Randstreifen hat.

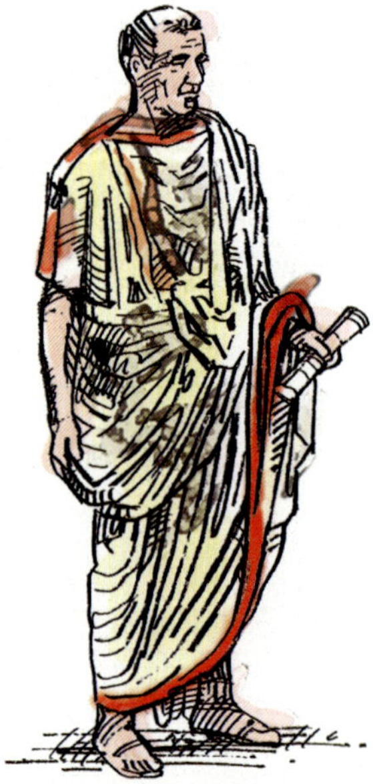

Lösung

purpur	5
weiß	6
stola	4
Barbaren	8
palla	11
tunica	2
Hosen	12
toga	9
schmalen	1
bunt	10
Wollstoff	7
breiten	3

Hast du deine Kleidung in Ordnung gebracht? Sehr schön.
Aber pass auf, dass du dich nicht verspätest!

Die Römer ticken anders

Ergänze die Lücken sinnvoll.

Ein Tag dauert bei den alten Römern ebenso __ 13 Stunden wie bei uns. Dabei teilen sie den Tag und die Nacht in jeweils __ 14 gleich lange Einheiten ein. Der Tag umfasst die Zeitspanne von Sonnenauf- bis Sonnenuntergang, die Nacht die Zeitspanne von Sonnenunter- bis Sonnenaufgang. Da es aber im __ 15 viel länger hell ist als im __ 16, dauert eine Stunde im Sommer naturgemäß __ 17 als 60 Minuten. Umgekehrt sind im Winter die Stunden __ 18 als 60 Minuten. Geht die Sonne zum Beispiel im Sommer um 4.30 Uhr auf, beginnt damit die __ 19 Stunde. Die __ 20 Stunde beginnt dann etwa um __ 21. Im Winter beginnt sie allerdings eher erst um __ 22. Zur Bestimmung der Zeit benutzt man im alten Rom seit jeher __ 23, seit neuestem auch __ 24. Die größte Sonnenuhr ist die von Kaiser Augustus auf dem Marsfeld errichtete. Es gibt aber auch Sonnenuhren, die so klein sind, dass man sie wie eine Taschenuhr bei sich tragen kann.

Lösung

9.00 Uhr	19
erste	13
Sommer	22
24	24
Wasseruhren	15
dritte	18
Sonnenuhren	17
kürzer	21
12	20
Winter	23
7.00 Uhr	16
länger	14

Die Sonnenuhr des Augustus auf dem Marsfeld.

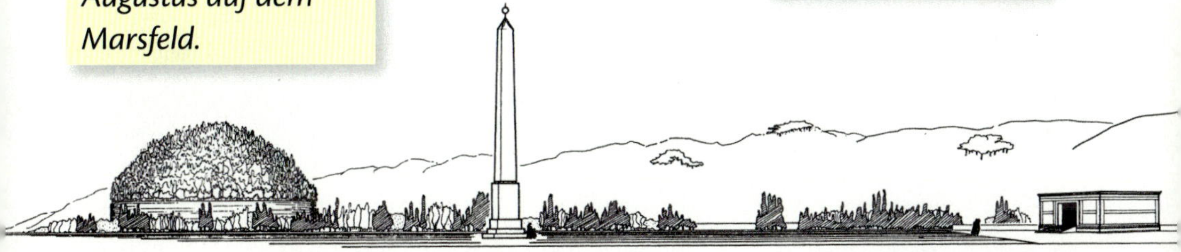

Nun aber nichts wie los! Du willst ja sicher pünktlich bei deinen Freunden Marcus und Iulia vor der Haustür stehen. Aber eile mit Weile! Zunächst solltest du dich nämlich noch über ihr Haus kundig machen, damit du später nicht ständig fragen musst!

Haus-Aufgaben

Was bezeichnen die alten Römer mit …?

Hinweis: Falls du mit den Fachbegriffen nicht gut vertraut bist, solltest du, bevor du beginnst, einen kurzen Blick auf Seite 32 werfen.

1	triclinium
2	peristylium
3	fauces
4	tablinum
5	impluvium
6	atrium
7	taberna
8	ala
9	cubiculum
10	☺
11	culina
12	latrina
13	balneum
14	compluvium

Lösung

Flur	1
Schlafraum	2
Geschäft, Lokal	3
WC	4
Bad	17
Empfangs-, Arbeitszimmer	5
Speiseraum	6
Wasserbecken	7
☺	8
Säulengang im Garten	9
Eingangshalle	10
Seitenraum im atrium	11
Dachöffnung über dem inneren Säulenhof	21
Küche	12

Ungefähr so lebten und wohnten die reicheren Bürger in Italien.

Auf dieser Seite siehst du eine Abbildung eines römischen Hauses.
Ordne die Nummern den entsprechenden Bezeichnungen zu.

Lösung

taberna	13	compluvium	19
impluvium	14	triclinium	20
atrium	15	cubiculum	22
ala	16	peristylium	23
fauces	18	tablinum	24

Jetzt kann eigentlich nichts mehr schiefgehen. Also los! ... Und schon bist du da. An der Tür empfangen dich nicht Marcus und Iulia, sondern ein Mann in mittleren Jahren erwartet dich und bittet dich ins Haus. Nachdem er dich zu deinen Freunden gebracht hat, fragst du Iulia, wer dieser freundliche Mann sei. Iulia erzählt Folgendes:

Von Sklaven und Freien

Ergänze die Lücken sinnvoll.

»Unser Leben wäre ohne __ 1 undenkbar. Ungefähr jeder __ 2 ist Sklave. Im __ 3 arbeiten Sklaven z. B. in der Küche, aber auch als __ 4 oder Kindermädchen. Auf dem __ 5 sind Sklaven vor allem mit landwirtschaftlichen Aufgaben betraut, können aber auch als __ 6 der Besitzungen ihres Herrn tätig sein. Am schlimmsten hat es die Sklaven in Steinbrüchen oder __ 7 erwischt. Alle Sklaven sind rechtlich gesehen __ 8. Wer einen Sklaven verletzt, muss deshalb __ 9 zahlen. Bei guten Leistungen kann aus einem Sklaven aber auch ein __ 10 werden. Als solcher hat er zwar nicht die gleichen __ 11 wie die römischen Bürger. Seine __ 12 können diesen aber gleichgestellt werden.

Lösung

Rechte	12
Sachen	11
Bergwerken	10
Nachkommen	9
Freigelassener	8
Land	7
Lehrer	6
Sklaven	5
Verwalter	4
Vierte	3
Haus	2
Schadenersatz	1

Den Göttern sei Dank, dass ich und meine Familie nicht zu den Sklaven gehören, sondern dass wir seit jeher frei geboren sind. Und nicht nur das: Etliche meiner Vorfahren haben ihren Teil dazu beigetragen, dass das Römische Reich heute nicht nur das ganze Mittelmeerbecken umspannt, sondern sich bis weit in den Norden ausgedehnt hat. Aber sieh selbst!«

Das römische Weltreich

Ordne den Nummern in der Karte die entsprechenden Provinzen zu.

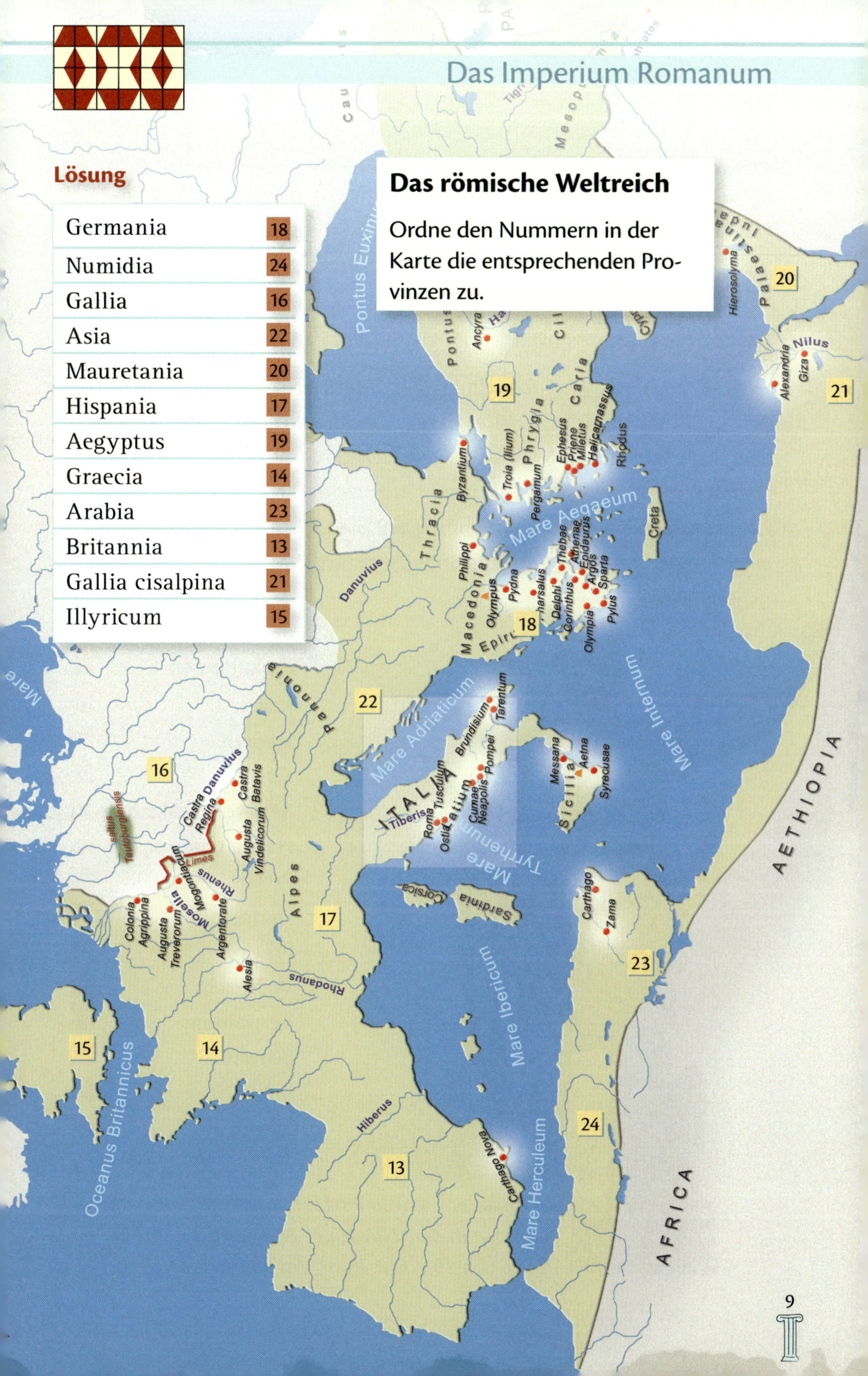

Lösung

Germania	18
Numidia	24
Gallia	16
Asia	22
Mauretania	20
Hispania	17
Aegyptus	19
Graecia	14
Arabia	23
Britannia	13
Gallia cisalpina	21
Illyricum	15

Während Iulia noch erklärt, kommt ihr Vater hinzu und verfolgt aufmerksam euer Gespräch. Nachdem Iulia geendet hat, greift er den Faden auf und fährt fort:

Ein Weltreich will verwaltet sein!

Ergänze die Lücken sinnvoll.

»Wir Römer sind ___ 1 über ein ___ 2. Unser Herrschaftsgebiet außerhalb von ___ 3 haben wir in ___ 4 eingeteilt. Aus diesen gelangen viele ___ 5, aber auch Sklaven nach Rom. Zur ___ 6 schickte früher der ___ 7, heute aber der ___ 8 ___ 9 in die einzelnen Provinzen. Diese müssen dort auf Zeit verschiedene ___ 10 übernehmen; z. B. sind ___ 11 für die Verwaltung einer Provinz oder die ___ 12 zuständig, welche die ___ 13 an ___ 14 zu entrichten haben.

Lösung

Prokuratoren	12
Kaiser	11
Steuern	10
Senat	9
Regierungsaufgaben	8
Handelsgüter	7
Provinzbewohner	17
Herren	6
Provinzen	5
Weltreich	4
Verwaltung	3
Beamte	2
Italien	1
Rom	15

Augustus von Prima Porta. Panzerstatue des Kaisers, gefunden in der Villa seiner Frau Livia bei Prima Porta. Um 20 v. Chr. Rom, Vatikanische Museen.

Der Mittelpunkt dieses Weltreichs ist nämlich Rom. Hier regiert zwar eigentlich der Kaiser, aber auch der __ 15 ist nach wie vor von Bedeutung. Dieser versammelt sich normalerweise in der __ 16. Jeder, der Mitglied des Senats ist, darf sich, so wie auch ich, __ 17 nennen. Einen Senator kannst du im Gegensatz zu einem Ritter, der nur einen __ 18 Purpurstreifen an seiner toga hat, an einem __ 19 Purpurstreifen an der toga erkennen. Senator wurde man früher nur, wenn man __ 20, d. h. einer von den zwei leitenden Beamten des Staates, oder __ 21, d. h. einer der für die Rechtsprechung zuständigen Beamten, war. Heute kommt man aber auch schon als für die Finanzen zuständiger __ 22 in den Senat. Natürlich erst recht als für die öffentliche Ordnung zuständiger __ 23 oder als __ 24, dessen Aufgabe im Schutz der Interessen des Volkes besteht.

Aber nun Schluss damit. Denn wir Römer sind eher Praktiker als Theoretiker. Schauen wir uns also das Ganze lieber vor Ort an und gehen zum Forum.«

Lösung

Senat	13
schmalen	14
Quästor	16
curia	18
Volkstribun	19
Prätor	20
breiten	21
Senator	22
Ädil	23
Konsul	24

Römische Ämter

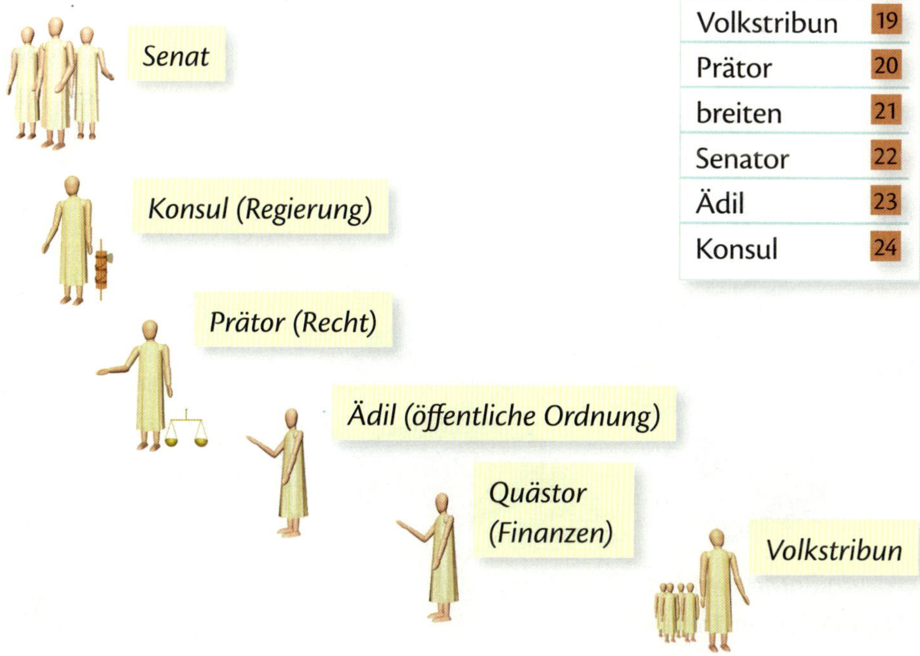

Kurze Zeit darauf bist du zusammen mit deinen Freunden und deren Vater auf dem Weg zum Forum. Da ihr euch vom Esquilin, wo die Familie deiner Freunde wohnt, dem Forum nähert, bietet sich euch aus der Ferne folgender Blick auf das Forum. Ihr bleibt stehen und Marcus erklärt dir die wichtigsten Gebäude.

Welch ein Anblick!

Ordne die Nummern den entsprechenden Gebäuden zu.

Lösung

Cäsar-Tempel	13
Basilica Aemilia	14
Vespasian-Tempel	15
curia	16
Castor- und Pollux-Tempel	17
Vesta-Tempel	18

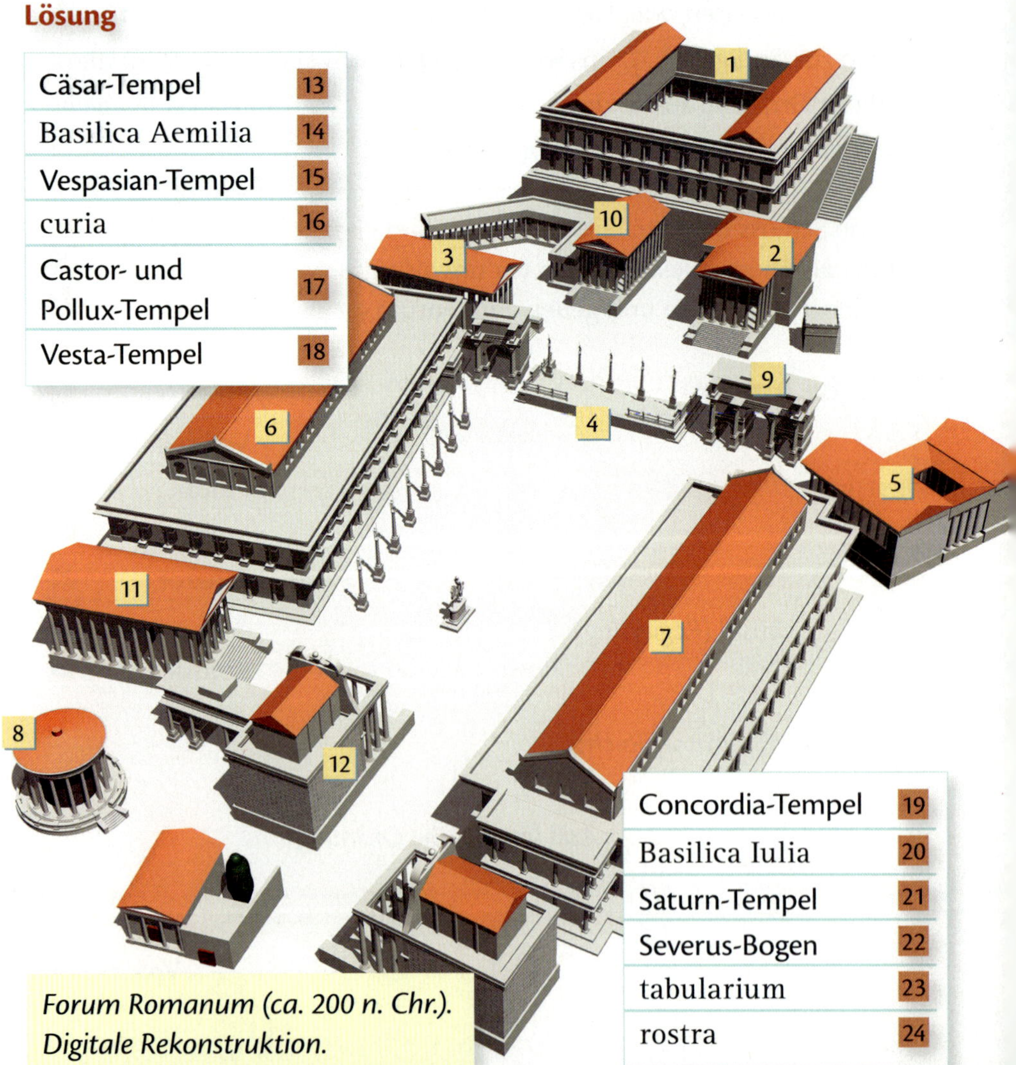

Concordia-Tempel	19
Basilica Iulia	20
Saturn-Tempel	21
Severus-Bogen	22
tabularium	23
rostra	24

Forum Romanum (ca. 200 n. Chr.). Digitale Rekonstruktion.

»Steht man auf dem Forum mit Blick auf das Kapitol, so sieht man an den Hang des Kapitols geschmiegt das mächtige __ 13 aufragen. In diesem Gebäude werden öffentliche Dokumente und Schriften aufbewahrt. Unterhalb davon schließen sich links der Tempel des __ 14 und rechts der Tempel der __ 15 an. Direkt davor liegt die Rednertribüne, die __ 16, rechts davon der Bogen des __ 17, links davon der Tempel des __ 18, in dem der Staatsschatz aufbewahrt wird. An diesen schließt sich eine prächtige Markt- und Gerichtshalle an, die __ 19. An ihrer zum Forumsplatz gewendeten Längsseite stehen viele __ 20 aufgereiht. Folgt man diesen, so gelangt man zum Rundtempel der __ 21, der hinter dem Tempel des __ 22 liegt. Auf der anderen Seite folgt auf das Versammlungsgebäude des Senats, die __ 23, die gewaltige __ 24.«

Lösung

Septimius Severus	1
Basilica Iulia	2
Basilica Aemilia	3
Vesta	4
Ehrenstatuen	5
curia	6
Kastor und Pollux	7
Vespasian	8
Saturn	9
Concordia	10
rostra	11
tabularium	12

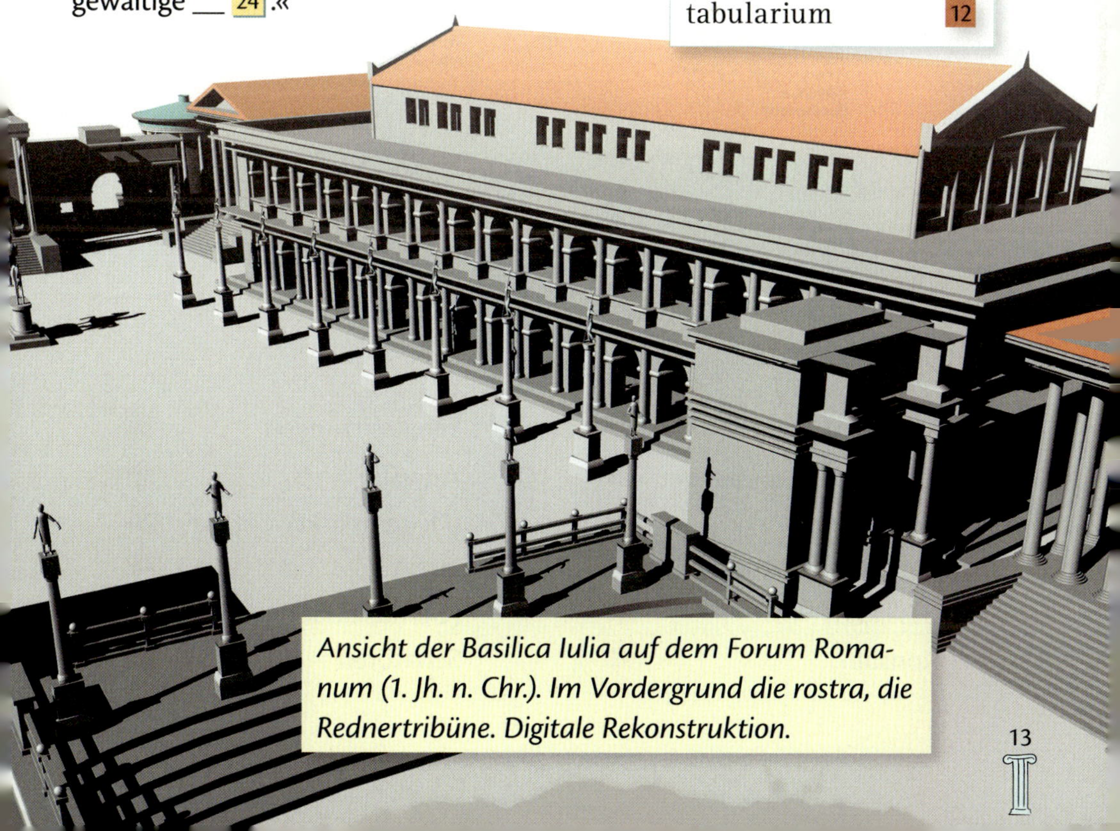

Ansicht der Basilica Iulia auf dem Forum Romanum (1. Jh. n. Chr.). Im Vordergrund die rostra, die Rednertribüne. Digitale Rekonstruktion.

Nach diesen Erläuterungen steigst du gemeinsam mit deinen Freunden Marcus und Iulia und deren Vater zum Forum hinab. Auf dem Forumsplatz setzt Marcus seine Ausführungen fort.

Das Herz Roms

Ergänze die Lücken sinnvoll.

»Einer der wichtigsten Plätze im antiken Rom ist das __ 1. Hier befinden sich mächtige, zweistöckige __ 2. In diesen finden __ 3 statt. Stundenlang verharrt man, um die __ 4 der __ 5 zu bewundern und von ihr zu lernen. Dasselbe gilt für die Reden – unter anderem auch der __ 6 – im Freien. Oft sieht man auch prominente __ 7 zur __ 8 eilen, wo ebenso wie manchmal auch in den prächtigen __ 9 die __ 10 stattfinden. Das Forum Romanum ist der religiöse und politische Mittelpunkt Roms. Das eigentliche Marktgeschehen findet hingegen auf anderen Plätzen, so z. B. auf dem Forum Boarium __ 11 und dem Forum Holitorium __ 12, aber auch auf dem Forum Piscatorium (Fischmarkt) bzw. im Velabrum (Großmarkt), statt.«

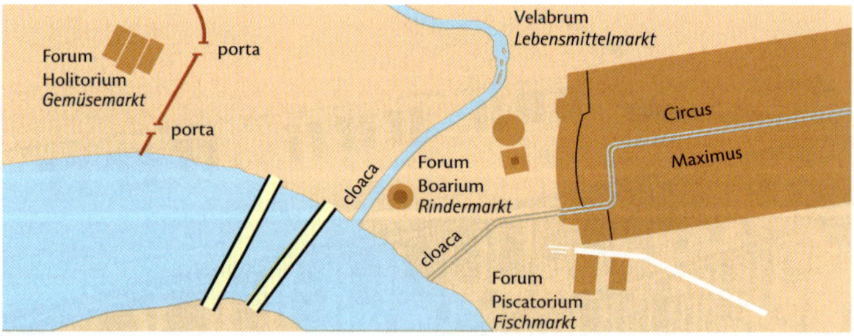

Lösung

Tempeln	24
Gerichtsverhandlungen	23
Redekunst	22
Forum Romanum	21
Basiliken	20
Konsuln	19

Senatssitzungen	18
Anwälte	17
(Fleischmarkt)	16
curia	15
(Gemüsemarkt)	14
Senatoren	13

Nach diesen Ausführungen setzt du dich auf die Stufen vor der Basilica Iulia und betrachtest das Treiben auf dem Forum. Da der Vater deiner Freunde sich aber ein Buch besorgen will, brecht ihr schon bald zu einem Buchladen in der Nähe des Forums auf. Während der Vater das Buch kauft, siehst du dich im Laden um, bist zunächst aber etwas verwundert, da die Bücher anders aussehen, als du es gewohnt bist. Aber als Iulia dich hilflos umherschauen sieht, erklärt sie dir alles, sodass auch du dich nun im antiken Buchwesen auskennst.

Wachs und Papier

Ordne die richtige deutsche Bedeutung zu.

13	papyrus
14	pergamentum
15	capsa
16	stilus
17	volumen
18	pugillares
19	atramentum
20	☺
21	titulus
22	librarius
23	atramentarium
24	umbilicus

Lösung

Schreibtäfelchen	12
Behälter für Buchrollen	11
Schreibgriffel	10
Beschreibstoff (aus der Papyrusstaude gewonnen)	9
Buchhändler; Kopist; Schreiber	8
Beschreibstoff (aus Tierhaut gewonnen)	7
Anhänger für den Buchtitel	6
Ende des Stabes, um den die Buchrolle gewickelt ist	5
Tintenfass	4
☺	3
Buchrolle	2
Tinte	1

Nachdem der Vater eine schöne Buchrolle erstanden hat, macht ihr euch auf den Heimweg. Um sauber zu Hause anzukommen, sucht ihr unterwegs ein öffentliches Bad auf. Da nachmittags nur Badezeit für Männer ist, verabschiedet ihr euch von Iulia, die mit einem Sklaven nach Hause geht, und betretet die Badeanstalt, deren Dimensionen dich überwältigen.

Im Badetempel

Ordne den Nummern die entsprechenden Bezeichnungen zu.

Stabianer Thermen in Pompeji. Rekonstruktion.

Hinweis: Falls du mit den Fachbegriffen nicht gut vertraut bist, solltest du, bevor du beginnst, einen kurzen Blick auf Seite 32 werfen.

Lösung

latrinae	12				
sudatorium	10	tepidarium	6	tabernae	3
biblioteca	9	apodyterium	5	natatio/piscina	2
palaestra	8	caldarium	4	frigidarium	1

Nachdem ihr euch umgezogen und eure hölzernen Badesandalen angezogen habt, erklärt dir Marcus bei einem ersten Rundgang nicht nur, was es mit den einzelnen Räumen auf sich hat, sondern auch die Heiztechnik dieser und ähnlicher imposanter Thermen, die auf geschickter Verteilung von Heißluft in Hohlräumen unter dem Fußboden bzw. in den Wänden basiert. Zwei Stunden später verlasst ihr zwar das Bad, dich aber lassen die Eindrücke nicht los, sodass du dir auf dem Nachhauseweg alles nochmals durch den Kopf gehen lässt.

Kleiner Thermenführer

Ordne die richtige deutsche Bedeutung zu.

Hypokaust-Anlage. Schema.

11	☺
12	solea
13	bibliotheca
14	sudatorium
15	palaestra
16	natatio/piscina
17	apodyterium
18	praefurnium
19	aquaeductus
20	frigidarium
21	tepidarium
22	caldarium
23	hypocaustum
24	thermae

Lösung

Holzpantine (»Badesandale«)	7
☺	11
Heißwasserbad	13
Schwitzraum (»Sauna«)	14
Heizraum	15
Platz für Sport und Spiel	16
Schwimmbecken	17
Bibliothek	18
Umkleideraum	19
Wasserleitung	20
Lauwarmbad	21
die gesamte Badeanlage	22
Kaltwasserbad	23
Heizgewölbe unter dem Fußboden	24

Die cena

Nach einem langen und aufregenden Tag hast du großen Hunger bekommen, da du nicht wie gewohnt ordentlich zu Mittag gegessen hast. Deshalb freust du dich schon auf das Essen. Doch wie du erfahren musst, sind dir auch hier einige Gepflogenheiten der Römer unbekannt. Wie gut, dass dir Iulia, die sich in der Zwischenzeit frisch gemacht hat, vor dem Essen noch einiges erklärt.

Bei uns wird nicht gesessen!

Ergänze die Lücken sinnvoll.

»Wir Römer nehmen unsere Hauptmahlzeit, die ___ 1, ___ 2 ein, da wir ___ 3 mit unseren Geschäften zu tun haben. Außerdem haben die ___ 4 dann auch genügend Zeit, um das Essen vorzubereiten. Das Essen findet im meist mit einem ___ 5 ausgestatteten ___ 6 statt, wo es sich die Gäste auf den ___ 7 gemütlich machen können. Dort ___ 8 wir aber nicht, sondern ___ 9. Auf dem medius lectus liegt der ___ 10, auf dem imus lectus der ___ 11, wobei die lecti gut mit ___ 12 gepolstert sind.«

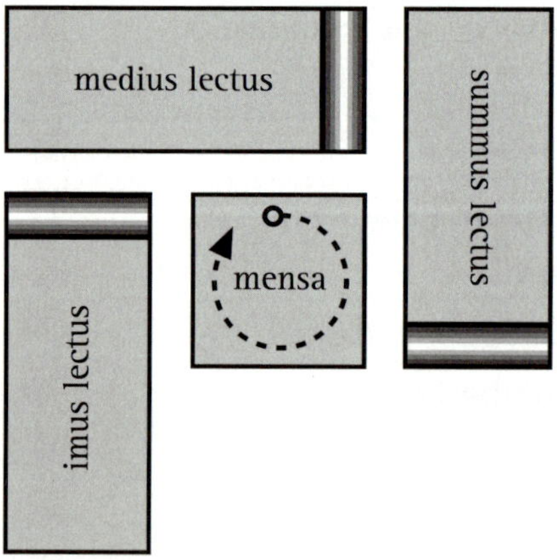

Der gestrichelte Pfeil gibt die Reihenfolge an, in der serviert wird.

Lösung

spätnachmittags	24
triclinium	23
liegen	22
bis in den Nachmittag hinein	21
cena	20
Sklaven	19
Speisesofas	18
Kissen	17
Mosaikfußboden	16
Ehrengast	15
sitzen	14
Hausherr	13

Während des Essens fragst du die neben dir liegende Iulia, was es mit dem lararium auf sich hat. Diese erzählt dir Folgendes:

Hausreligion

Ergänze die Lücken sinnvoll.

»Wir Römer verehren neben den __ 13 Göttern auch Gottheiten, die für den __ 14 Haushalt und die __ 15 von großer Bedeutung sind. In jedem Haus gibt es für die __ 16 der Familie eine bemalte Nische oder ein Schränkchen in Form eines Tempels, das __ 17. Dort beten wir die kleinen hölzernen, tönernen oder bronzenen Figuren unserer Hausgottheiten an. Damit wollen wir die Geister der Verstorbenen, die __ 18, gnädig stimmen. Ebenso machen wir es mit den Göttern der Vorratskammer, den __ 19, und dem persönlichen Schutzgeist des __ 20 und zugleich der ganzen Familie, dem __ 21. Dieser wird am lararium oft in Form einer __ 22 dargestellt. Bei für die Familie wichtigen Ereignissen, wie Geburt oder __ 23, bringen wir dort unseren Hausgöttern __ 24 dar.«

Lösung

Hausgötter	7
Schlange	11
Familie	10
Laren	9
olympischen	8
privaten	12
lararium	6
Penaten	5
genius	4
Opfer	3
pater familias	2
Hochzeit	1

Lararium aus dem Haus der Vettier in Pompeji. 1. Jh. n. Chr.

Marcus, der den Ausführungen seiner Schwester genau zugehört hat, nimmt den Faden auf und setzt ihre Erklärungen fort.

Staatsreligion

Ergänze die Lücken sinnvoll.

»Wie du heute auf dem Forum sicherlich bemerkt hast, verehren wir Römer nicht nur privat, sondern auch öffentlich unsere Götter, und zwar hauptsächlich in den Tempeln. Ein römischer Tempel steht im Gegensatz zu einem griechischen Tempel auf einem hohen __ 1. Man erreicht seinen Innenraum, die __ 2, in der sich auch das __ 3 befindet, über eine __ 4. Diesen Innenraum dürfen nur __ 5, nicht jedoch __ 6 betreten. Die __ 7 finden nicht __ 8, sondern __ 9 dem Tempel auf einem __ 10 statt. Dabei werden das __ 11, die zuvor untersucht wurden, verbrannt. Das __ 12 wird gebraten und von den Priestern und Opferteilnehmern verzehrt.«

Lösung

im	13
Blut und die Innereien	14
übrige Fleisch	15
Opfer	16
Priester	17
Altar	18
Podium	19
Freitreppe	20
normale Bürger	21
cella	22
vor	23
Bild der Gottheit	24

Der Tempel der Vesta auf dem Forum Romanum. 1. Jh. v. Chr.

Die Mutter hat den Ausführungen deiner Freunde aufmerksam zugehört. Nun klinkt auch sie sich in das Gespräch ein und stellt ihren Kindern ein paar weitere Fragen zur römischen Religion. Du hörst weiterhin zu und bist erstaunt, wie viel du mittlerweile schon gelernt hast.

Augur. Römisches Relief.

Götter, Priester und Altäre

Finde die richtige Erklärung.

		Lösung 1		Lösung 2	
13	Laren	die Geister der Verstorbenen	7	Hausgeister	1
14	Penaten	Götter des Gartens	12	Götter der Vorratskammer	10
15	lararium	Hausaltar	11	Hauskapelle	2
16	genius	persönlicher Schutzgeist des pater familias	8	persönlicher Schutzgeist der mater familias	3
17	cella	Innenraum des Tempels mit Götterbild	4	Untergeschoss des Tempels	11
18	sacrum	Fluch	10	Opfer	12
19	ara	Altar vor dem Tempel	3	Altar im Tempel	4
20	sacerdos	Priester	1	Opfertier	9
21	augur	Deuter von Vogelzeichen	5	Opferdiener	8
22	haruspex	Traumdeuter	6	Eingeweideschauer	9
23	pontifex maximus	Oberpriester	2	Papst	5
24	Vestalis	Priesterin der Göttin Vesta	6	Priester der Göttin Vesta	7

Dem Fragespiel zwischen der Mutter und ihren Kindern hat auch ein Sklave interessiert zugehört, bei dem es sich, wie Marcus und Iulia erklären, um ihren Lehrer Orbilius handelt. Dieser wendet sich nun den beiden zu und fragt sie zum Thema passend noch ein bisschen über die olympischen Götter aus. Du hörst weiterhin zu und versuchst im Stillen die Fragen ebenfalls zu beantworten.

O Gott, o Gott!

Woran erkennt man den Gott/die Göttin?

1	Apollo
2	Mercurius
3	Minerva
4	Diana
5	Venus
6	Mars
7	Iuno
8	Iuppiter
9	Neptunus
10	Vulcanus
11	Bacchus
12	Ceres

Lösung

Zepter, Blitz; Adler	1
Weintrauben; Becher	2
langes Gewand; Diadem; Pfau	3
Getreideähren; Früchte	4
Nacktheit; Amor; Tauben	5
Feuer; Hammer	6
Leier; Lorbeerkranz; Pfeil und Bogen	7
Bogen; kurzer Rock	8
Flügelschuhe und -haube; Heroldsstab	9
Mann in Kriegsrüstung	10
Dreizack	11
Frau in Kriegsrüstung; Eule	12

Wie heißt der Gott/die Göttin in Griechenland?

13	Iuppiter
14	Iuno
15	Venus
16	Diana
17	Mercurius
18	Mars
19	Bacchus
20	Minerva
21	Amor
22	Neptunus
23	Ceres
24	Vulcanus

Lösung

Pallas Athene	13
Demeter	14
Hermes	15
Dionysos	16
Eros	17
Hephaistos	18
Zeus	19
Artemis	20
Hera	21
Poseidon	22
Aphrodite	23
Ares	24

Wofür ist der Gott/die Göttin zuständig?

		Lösung 1		Lösung 2	
1	Iuppiter	Meer	13	Himmel und Erde	19
2	Minerva	Jagd	14	Weisheit und Handwerk	21
3	Iuno	Ehe und Geburt	24	Liebe	15
4	Neptunus	Meer	20	Unterwelt	16
5	Venus	Geburt und Ehe	18	Liebe	17
6	Ceres	Wein	17	Getreide	22
7	Amor	Liebe	15	Jagd	19
8	Mercurius	Weissagung	20	Handel; Reise; Diebstahl	13
9	Mars	Krieg	23	Feuer; Schmiedekunst	21
10	Diana	Jagd	18	Weisheit	22
11	Apollo	Weissagung; Künste	14	Jagd	23
12	Bacchus	Wälder	24	Wein	16

Da der Lehrer deiner Freunde gerade so schön in Fahrt ist, setzt er sein Frage- und Antwortspiel noch etwas fort. Jetzt hat er sich aber einen neuen Kandidaten ausgesucht, nämlich dich. Von dir will er allerdings in einem Bereich etwas wissen, in dem sich die göttlichen und menschlichen Sphären einst gekreuzt haben. Ob du wohl seine Fragen zu verschiedenen antiken Mythen beantworten kannst?

Der Trojanische Krieg

Wer ist wer? Ordne Zusammenpassendes zusammen.

13	Helena
14	Iphigenie
15	Paris
16	Patroklos
17	Priamos
18	Hektor
19	Menelaos
20	Agamemnon
21	Achilles
22	Odysseus
23	Andromache
24	Ajax

Lösung

Ehefrau des Hektor	2
Entführer der Helena	11
Sohn des Priamos; tapferster Held der Trojaner	12
Bruder des Menelaos	1
Ehefrau des Menelaos	7
König von Troja	3
tapferster Grieche vor Troja	5
Tochter des Agamemnon	9
griechischer Held vor Troja	6
bester Freund des Achilles	8
Ehemann der Helena	4
listigster Grieche vor Troja	10

Trojanisches Pferd. Nachbildung. In Troja steht heute dieses neue hölzernde Pferd. Kinder können über eine Leiter in das Innere des großen Holzpferdes klettern und griechische Eroberer spielen.

Urgeschichte Roms

Wer ist wer? Ordne Zusammenpassendes zusammen.

1	Dido
2	Creusa
3	Lavinia
4	Lavinium
5	Ascanius (Iulus)
6	Anchises
7	Aeneas
8	Alba Longa
9	Rea Silvia (Ilia)
10	Faustulus
11	Mars
12	Venus

Lösung

1. Ehefrau des Aeneas	23
Mutter des Aeneas	17
trojanischer Held (Stammvater der Römer)	18
Geliebte des Aeneas	19
Vater des Romulus und Remus	13
Vater des Aeneas	24
Königsstadt des Ascanius	14
Hirte, der Romulus und Remus fand	16
Königsstadt des Aeneas	20
Sohn des Aeneas	15
2. Ehefrau des Aeneas	22
Mutter von Romulus und Remus	21

Die Kapitolinische Wölfin. Bronzestatue aus dem 5. Jh. v. Chr. Die Figuren der Zwillinge wurden im 15. Jh. hinzugefügt. Rom, Museo Capitolino.

Sagen und Legenden

Pärchenbildung! Ordne Zusammengehöriges zusammen.

13	Daedalus
14	Minotaurus
15	Orpheus
16	Sisyphus
17	Philemon
18	Deukalion
19	Tantalus
20	Theseus
21	Iuppiter (Stier)
22	Iuppiter (Schwan)
23	Pyramus
24	Odysseus

Lösung

Labyrinth	12
Leda	11
Pyrrha	10
Eurydice	9
Icarus	8
Felsblock	7
Hunger und Durst	6
Baucis	5
Polyphemus	4
Europa	3
Thisbe	2
Ariadne	1

Die Blendung des Polyphem. Darstellung auf einer etruskischen Vase. 6. Jh. v. Chr. Rom, Museo Nazionale di Villa Giulia.

Der Vater, der euch voller Vergnügen schon längere Zeit zugehört hat, beendet nun endlich die Ausfragerei durch den Lehrer. Er bittet ihn nämlich, ihm über die Reise zu erzählen, die er vor kurzem in seine Heimat Griechenland unternommen hat. Der Lehrer berichtet, aber nicht ohne zunächst etwas vom Thema abzuschweifen und von den römischen Straßen zu schwärmen:

Römerstraßen

Ergänze die Lücken sinnvoll.

»Die Straßen der Römer sind hervorragend, auch wenn sie ursprünglich nicht für Reisende oder ___ 1 gebaut worden sind, sondern für ___ 2. Ihren Namen bekamen die Straßen – aber das wisst ihr ja sicherlich besser als ich – nach den ___ 3, von denen sie erbaut wurden. Die tollsten Römerstraßen sind für mich die von Appius erbaute Via ___ 4 von Rom nach ___ 5 und die von Flaminius erbaute Via ___ 6 von Rom nach ___ 7. Entlang der Straßen zeigen ___ 8 die Entfernung vom ___ 9 an. An den Hauptstraßen liegen in kurzen Abständen ___ 10, wo man die ___ 11 wechseln, aber auch ___ 12 konnte. Auf meiner Reise nach Griechenland fuhr ich zunächst nach Brindisi.«

Lösung

Brundisium (Brindisi)	17
Ariminum (Rimini)	13
militärische Zwecke	20
nächsten markanten Punkt	24
Pferde	16
Warentransporte	22
Meilensteine	15
Appia	21
Poststationen	18
Konsuln	23
übernachten	14
Flaminia	19

Orbilius trinkt kurz einen Schluck Wasser, darauf fährt er fort:

Wenn einer eine Reise macht …

»Meine Reise war eine __ 13 Angelegenheit. Denn sowohl zu Wasser als auch zu Lande lauerten __ 14 Gefahren auf mich, da überall __ 15 ihr Unwesen trieben. Nach Griechenland reiste ich zunächst mit dem __ 16. In Griechenland musste ich mich aber nicht wie __ 17 Leute zu Fuß fortbewegen, sondern konnte teils mit dem __ 18, teils sogar mit einem __ 19 meinem Ziel zustreben. Übernachten konnte ich manchmal in Gasthäusern __ 20, manchmal aber auch in staatlichen __ 21, wo mein Reisewagen auch die Pferde wechseln konnte. Bei den Wirten von Straßenschenken, den __ 22, brauchte ich – den Göttern sei Dank – nicht einkehren, weil ich aufgrund meiner guten finanziellen Verhältnisse in den größeren Städten in __ 23 mit guter Küche und __ 24 absteigen konnte.«

Lösung

Pferd	12
Räuber	11
Schiff	10
beschwerliche	9
caupones	8
große	7
Poststationen	6
Bädern	5
(tabernae)	4
Luxusherbergen	3
einfache	2
Reisewagen	1

Deine Freunde und du würden gern noch weiter der Erzählung des Orbilius lauschen, aber da kommt die Mutter und fordert euch auf, nun ins Bett zu gehen, da morgen und übermorgen zwei aufregende und anstrengende Tage auf euch warten – ihr werdet nämlich zunächst den circus und tags darauf das Kolosseum besuchen. Voller Vorfreude könnt ihr natürlich nicht gleich einschlafen. Zunächst erzählt Iulia vom circus:

Der Circus Maximus

Ergänze die Lücken sinnvoll.

»Hier in Rom haben wir __ 1 große __ 2. Die größte und bedeutendste unter ihnen ist der __ 3, der ca. __ 4 Zuschauern Platz bietet. Bereits am Morgen wird sich ein Festzug vom __ 5 zum circus bewegen. Wagenlenker, Musikanten und Priester, die Bilder von __ 6 mitführen, werden ein farbenfrohes __ 7 bilden. Danach werden die Rennen beginnen, wobei normalerweise der __ 8 ein __ 9 Tuch auf die Rennbahn fallen lässt. Darauf stürmen bis zu __ 10 Wagenlenker mit ihren __ 11 aus den Boxen. __ 12-mal müssen sie den Mittelstreifen an den Wendemarken umrunden, bevor der Sieger feststeht. Hoffentlich gewinnen nicht wieder die Grünen, sondern die Roten. Denn dort ist mein Favorit Wagenlenker.«

Lösung

Göttern	8
Viergespannen	6
Rennbahnen	7
250 000	12
Kaiser	5
4	11
12	9
7	2
Circus Maximus	4
weißes	3
Spektakel	1
Kapitol	10

Nachdem Iulia vom circus geschwärmt hat, beginnt Markus vom Kolosseum zu erzählen und berichtet, was ihr in zwei Tagen dort erwarten könnt. Aufgeregt hörst du zu, allmählich fallen dir aber doch die Augen zu. Trotzdem lässt du dir vor dem Einschlafen nochmals alles, was Marcus gesagt hat, durch den Kopf gehen; ganz sicher bist du dir bei einigen Dingen aber nicht mehr.

Rund ums Kolosseum

Finde die richtige Antwort.

Nr.		Lösung 1		Lösung 2	
13	eigentlicher Name	amphitheatrum Iulium	13	amphitheatrum Flavium	23
14	Einweihung	80 n. Chr.	19	80 v. Chr.	14
15	Höhe	48 m	16	84 m	15
16	Länge	1880 m	16	188 m	24
17	Breite	156 m	13	15,60 m	20
18	Fassungsvermögen	ca. 50 000 Zuschauer	15	ca. 40 000 Zuschauer	22
19	Namensgeber	eine Kolossalstatue Kaiser Neros	14	eine Kolossalstatue Kaiser Caligulas	21
20	erbaut an der Stelle	eines baufälligen Tempels	24	eines Sees	17
21	Außenfassade	in vier Etagen gegliedert	21	in sechs Etagen gegliedert	19
22	Kampffläche	aus Sand	20	aus Erde	16
23	Dachkonstruktion	keine	17	ein ausfahrbares Sonnensegel	18
24	Arena	nicht unter Wasser setzbar	18	unter Wasser setzbar	22

Mit dem Bild des Kolosseums vor Augen schläfst du schließlich in freudiger Erwartung der kommenden Tage ein.

Das römische Haus

ala (5)	Seitenraum im atrium
atrium (3)	atrium (Eingangshalle)
balneum	Bad
compluvium	Dachöffnung über dem impluvium
cubiculum (8)	Schlafraum
culina	Küche
fauces (2)	Flur
impluvium (4)	Wasserbecken
latrina	WC
peristylium (9)	Säulengang im Garten
taberna (1)	Geschäft, Lokal
tablinum (6)	Empfangs-, Arbeitszimmer
triclinium (7)	Speiseraum

Die Thermen

apodyterium (1)	Umkleideraum
aquaeductus	Wasserleitung
bibliotheca	Bibliothek
caldarium (3)	Warmbad
frigidarium (2)	Kaltbad
hypocaustum	Heizgewölbe unter dem Fußboden
natatio/piscina (6)	Schwimmbecken
palaestra	Platz für Sport und Spiel
praefurnium	Heizraum
solea	Holzpantine (Badesandale)
sudatorium (5)	Schwitzraum (»Sauna«)
tepidarium (4)	Lauwarmbad

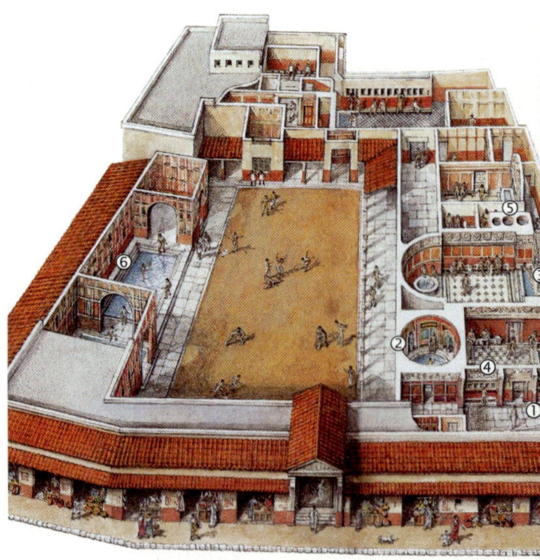